그대와 봄비

그대와 봄비

임광득 시집

고두미

■ 일러두기
본문에서 > 표시는 단락 공백 표시로 쪽이 바뀔 때 연이 새로 시작된다는 뜻입니다.

□ 시인의 말

국민학교 3학년 때로 기억되는 한마디.
"니는 시인이 되어야겠다."
그걸로 내 삶이 결정되었다.
이루지 못했지만 그래도 이렇게라도 넋두리를 모아
꿈을 마무리해 본다.

詩가 아니라 나의 넋두리임을!

사업이 망하고, 직장에서 잘리고 그렇게 살아오면서
억지로 버티어온 내 삶에 남은 것이라고는 이것뿐.
다음으로
정말 내가 하고 싶은 넋두리를 들어줄 사람들을 찾을
밑거름으로 삼기 위해서!

2025년 11월
장작 임광득

그대와 봄비 | 차례

제1부 2월에는

2월에는	12
2월은	14
2월의 설레임	16
3월에 내리는 비	18
꽃샘추위	20
꽃잎이 지면	22
덩굴장미	24
목련을 보면서	26
봄맞이	28
봄바람	30
봄날은 가고	32
봄볕	34
봄비	36
봄비 2	37
봄비 3	39
봄비 4	41
4월	42
산매화	44

제2부 가을 산에서

가을 산에서	___ 48
가을	___ 50
가을 밤	___ 52
9월에는	___ 54
나의 가을	___ 56
분꽃	___ 58
분꽃 2	___ 60
낙엽	___ 61
낙엽 2	___ 62
늦가을	___ 63
늦가을 2	___ 65
동지	___ 67
겨울	___ 69
겨울 2	___ 71
겨울 3	___ 73

제3부 그대

그대	76
그대 2	78
그대 3	79
그대 4	80
그리움	81
그리움 2	82
그리움 3	83
그리움 4	84
기다림	85
기다림 2	87
사랑	88
사랑 2	90
사랑 3	92
짝사랑	94
첫사랑	95

제4부 고목

고목(枯木)	___ 98
묻어버리기	___ 100
바람이 불기를	___ 102
벽두(劈頭)에	___ 103
비가 내리는 날에는	___ 105
사는 것	___ 107
산에 올라	___ 109
상처	___ 111
이별	___ 112
장작의 꿈	___ 114
장작의 꿈 2	___ 116
절교	___ 118
추억	___ 120
추억 2	___ 122
허수아비	___ 123
혼자 걷기	___ 125
혼자서	___ 127
후회	___ 129

제1부

2월에는

2월에는

숨어있던 간지러움
살금살금 밀어내는
상큼한 햇살

고개 조금 내밀어도
코끝에 닿을
흐뭇한 향기

살랑이는 바람에
부끄럽게 감춰둔
부드러운 속살
비치고

혼자 앓고
아파했던 마음
서릿발 속에 숨어있던
포근한 목소리

한꺼번에 불쑥 쏟아내
환희를 느낄

단도리 한다.

＊단도리: 채비 즉 어떤 일을 준비하는 것

2월은

조금만 발돋움하면
뒷집 담장 안
개울가 돌 틈
설레는 사랑 볼 수 있는데

매서운 입춘 바람에
움츠러드는 마음
혼자 외로워

바람에 가끔 묻어오는
따스한 눈길에
한껏 부풀어 간직했던
비밀스러운 부끄럼

아무도 모르게 날려보아도
늘 그러하듯
무심이 돌아서 버린
차갑기만 한 마음

남모르게 차곡차곡 챙긴

그리움을
따사로운 햇살에 감싸
담장 곁으로 던져봅니다

2월의 설레임

차가운 바람 소리 잦아들어
침묵으로 혼자
남아야만 하는 시간
아프게 스치는 바람
살을 에는 슬픈 외로움
눈물 핑 돌아도
잊히지 않은 약속

혼자인 듯 슬퍼서 돌아보면
비슷한 상처끼리 서성이는
그리움 가득한 세상

잊어버린 듯 놓아두었던
체념한 듯 던져버렸던
꿈
사랑
허둥지둥 끌어안고 햇살을 찾는다

서릿발에 붙잡힌
차가운 가슴

싸늘하게 불어오는 꽃샘바람

귓가를 간질이는 속삭임으로 만들어
불을 지핀다

3월에 내리는 비

가슴 가득 욕망을 숨긴 작은 뾰루지
춥고 메마른 긴 시간 동안
위태롭게 숨겨왔다

온몸을 휘청이는 무서운 바람 속에서도
살갗이 갈라질 듯 매서운 추위 속에서도
운명에 얽매여 벗어날 수 없는 굴레를 쓰고
숨죽이며 살았다

영원히 오지 않을 것처럼
매정하게 돌아서서
얼마나 울었던가

바람에 휘둘리는 메마른 가지 끝에
안타까운 그리움을 걸어두고
멀리멀리 날아갈까 봐
긴긴밤 외로워 울었다

가슴이 아파
잠들지 못한 지난밤

귀에 익은 발자국 소리
몸이 기억하는 손길
깊은 꿈으로 지새워

잊어버리려 했던 미련
지우려 했던 그리움
새벽에
파랗게 눈 뜬다

꽃샘추위

속 좁은 나의 질투가
멈칫멈칫 뒤돌아보는 사람 곁에서
아쉬움으로 툭툭 발끝에 차이고
돌아보지 않을 자신 가득했는데
떨쳐내지 못한 미련만
껴안고 간다

언젠가는
후회 가득한 추억으로
남겨져서 울지도 모르지만
오늘 이 아픔 참아야지

네 가슴에 남은 미움과
내가 만든 고통을
서로 나누지 못해
머리에선 지워도
가슴에 남은 슬픔 잊지 말자

한 번쯤
이 아픔을

봄이 올 때 찾아오는
아주 매서운 찬바람이라

가는 너와
남은 나에게
변명으로 남겨두자

꽃잎이 지면

가로수 벚나무 꽃잎이
수다와 분주함에 지쳐
흐트러진 모습으로 쓰러진다

갈팡질팡 방황하는 풍경에
멋모르고 웃어 재끼는
저 미운 바람은
세상을 온통 상처로 남기고

샛노랗게 가슴 키우던
길가 둔덕에 자리한 개나리
메케한 매연과 소음의 틈에서
웃을 수도 없이
자리만 지키는 그 여린 꿈이
너무나 복잡한 세상에 묻혀
추억으로만 달라붙고

그렇게 그리움 가득 안고
살다 보면
문득문득 찾아오는

젊은 꿈은
잊은 듯 잊힐 듯
흩날리는
목련의 낡고 슬픈 모습이겠지요

덩굴장미

향기 잃어버린 사람들이
무수히 지나가는 땡볕 아래
숨기지 못하고
들어내 놓은 신명

수많은 변신에
따가운 시선을 짙은 화장으로
속내 감추고 가면으로 사는 것 보다

단정한 빗질로
질펀한 자리에 앉지도 못하는
외로운 운명보다

두런두런 모여 사는
이웃이 좋아

흐트러진 웃음에
아찔한 유혹을 토해내는
축복으로
향기를 잃어버린 사람들의

뒷모습을
불붙는 가슴으로 보듬어 본다

목련을 보면서

까치르르한 손을 잡으며
눈물로 흘러내리는
한 많은 사연 듣지 않아도

허리끈 조여진 만큼
아픔을 감고
이승을 살아감에
바람은 드세었다

세월은 가는 것만큼 남아서
침침해진 눈 비빌 때
앙금으로 남은
허망한 욕심들

시나브로 삶에서
잘려 나가는
깊은 절망의 나락

술 마시며 잊어 가는데

옛날처럼
목련 한 자락은
뜰에 가득하여
꿈꾸고 있다

봄맞이

차가운 바람으로
푸석해진 가슴에
스스럼없이 찾아오는
잊히진 기억

혼자 동그마니 앉아 있던
바람 자리에
부산스레 속살거림이 일어나고
한 번도 잊은 적 없는
그리움이 벌써 동아리 틀어
숨 가쁘다

가슴에만 떠돌던
꿈 이야기,
발끝에 대롱대던 그리움
설래임에 싣고

서먹한 분위기 날려버릴
바람 한 줄기 가득할 때
세상에 온통

사랑을 흩뿌려 혼돈케 할
꿈을 꾼다

봄바람

비가 오고
메마른 가슴속에
비가
오고 또 오고

건조주의보 내리든 말든
촉촉이 적신 마음
한쪽에 모아놓고

차가운 그늘에서
움직이지 못한 꽁꽁 언 기억들도,
도타운 햇살 곁을 스쳐 지나온
포근한 입맞춤에
촉촉이 젖어

수개월째 참아온 목마름,
싸늘한 질투가 한 자락
살랑살랑 감질나는 아양 한 무더기
합하여
오지랖 넓히고

>
　멀리서
　찾아온
　허여멀건한 얼굴에
　눈웃음 던지면
　하늘과 땅에
　설래임으로 가득 채운다

봄날은 가고

둔탁하게 얼어붙은 음침한 수근거림
멀찍이 물러서서 바라보다
문득 찾아온 싱그러운 바람에
화들짝 일어서면

눈부신 햇살이 현기증에 울렁이고
낡은 기억에 남은 초라한 풍경은
온종일 서러움에 울다 지쳐 혼자 길 떠난다

돌아보지 말아야 하는 운명처럼
멀어지는 많은 것들을
아쉬워할 여유도 없이 스쳐온 지금

낯익은 사람들과 낯선 사람들의 틈으로
슬며시 숨어들어
몸에 익지 않은 재주로 몸부림쳐도
누구도 듣지 않는 노래가 되고

하루가 다르게 덩치를 키우는 욕망의 무게에 짓눌려
기어드는 목소리는

나조차 듣기 힘든 넋두리로 돌아온다

하루를 일 년처럼 살아도,
차가운 바람에 쓸리며 낡아도 떨어지지 못하는
애처로운 나뭇잎처럼
손아귀 힘은
점점 할아버지를 닮아 흔들리고 있다

보내기 싫은 나의 봄은
깊은 침묵으로 몸져누워
비스듬히 스며드는 햇살에 눈부셔하고

화려한 꿈들을 가득히 안고
겨우내 꽁꽁 숨겨왔던
숙녀의 속살같이 화끈한 봄날은
수척해진 목련의 꽃잎처럼
슬프다

봄볕

늘 같은 풍경 같아도
자꾸 눈길이 가는 것은
아주 가느다란 숨결에 설렘 자리했고

낯선 이들이
자꾸 찾아와 알은 채를 하는 중에
그늘지고 초라했던 자리까지 쫓겨
겨우내 숨어있던 졸음과 함께
세상에 나선다

두덕두덕 얼어붙어 있는
그림자
조금씩 잘라내며
이미 삭아버린 부끄러운 청춘이지만
누구 탓으로든 핑계 만들어
던져버린 용기를 얻을 생각으로
양지를 찾아
두껍게 감춰두었던
사랑도 끄집어내고

>

내내 가슴에 담아두었던 기다림
문밖에 걸어두고
오지 않을 거란 기대 따위는
잊은 지 오래된 것처럼
차려입고
눈부심에 휘청대며 걷는다

봄비

겨우내 무겁게 짓눌렀던 먼지를
툴툴 털며 찾아와

세상 다 가진 듯
화사한 웃음으로 설레고

따가운 햇살에 눈부셔
숨죽여 앉은 꿈

상큼한 사랑 이야기로
툭툭 건드려

온 세상
숨 가쁘게 만들어 즐기는
시청자

봄비 2

내 뜰 안에
목련꽃
언제 필 거냐?
먼 산
잔설은
언제 녹을 거며
칙칙한 내 방 안
때 묻은 거울에
비치는
덥수록 기른 수염에
낡은 얼굴은
언제쯤
미소 띠울까?

멀리서 오는
시끄러운 기차 소리
큰길 가득 달리는
분주한 자동차 소리
그 틈에
초라하게 멈추어 선

내 발걸음

수염을 밀고
색 밝은 윗도리에
미소 머금은 얼굴로
우산을 펼친다

봄비가 오잖아!

봄비 3

편지요!

밤새
토닥토닥 자장가 들으며
잠들었다가
첫사랑 앓이 여린 소녀 품에
살포시
소식 하나 전해 오면

수줍어 수줍어서
고개 내미는
상큼한 몸짓 하나

몰래 키워 온
부드러운 속살
부끄러움 여미듯
살짝 숨기고

자욱하게
물안개처럼

번지는 풋내음
건드리면 울어버릴 듯
여리게 웃고 있다

봄비 4

툭툭 두드립니다

두껍게 덮어 두었던
외로움 던져 버리고
그리움 터져 나오듯
거리낌 없이 튀어나오는 꿈

기뻐서 흘린 눈물만큼
가슴이 멍해도
자꾸만 부풀어
가슴 터질 듯
밀려오는 설렘

언제부턴가
막연한 그리움만 가득했는데
오늘같이
너무나 소담스레 찾아오는
몸짓에
기다림 가득한
그리움이 됩니다

4월

보여주기 싫어서
싸늘한 표정으로 꽁꽁 숨겨왔던
가슴을
불쑥 내밀고 찾아와

나른한 손길에
풋풋한 입김으로
살포시 눈 감기고

짧은 입맞춤에
흠칫
행복해지는 꿈

가지가지 색으로
꾸며진 배경에
소롯이
부끄러운 듯
자리하고

가슴에 숨긴 열정은

금방 표 날
미소로 감추고

첫사랑 여인처럼
종일토록
곁에서 하늘거리면

잊은 듯한
소식하나
전해 오련만……

산매화

하늘도 보이지 않게
깊이 숨었어요
화려하게 치장도 해보고
가녀린 뒤태 뽐내고
진한 향기
숲 사이로 다니는 바람에 실어
아무도 모르게 전하고요

햇살 도탑게 찾아와
얇은 면사 하늘하늘 흔들면
숨겨둔 부끄럼 수줍게 표 나서
발그레 웃음 날려
바람기 잠재우고

혼자 외로움
반가운 새들의 이야기에 잊고
때 늦은 벌 나비
정숙하게 돌려보내고
그냥 숲에 기대어
마음 정화하고

> 가슴 아픈 사랑 이야기
　귀동냥으로 듣고
　온몸 가득 품었던 기다림 털어 버리고
　슬프게 슬프게 멍이 듭니다

제2부

가을 산에서

가을 산에서

갓난아기의 옹알이
시끄러운 개구쟁이 깔깔대는 소리
갓 시집온 새색시의 부끄러운 목소리
수다스러운 아낙네의 넋두리
삶의 흔적 가득한
내 할머니의 사랑담은 잔소리
별로 높지 않은 산마루에서 듣는다

수많은 기억을 모은
떡갈나무 추억들이 흩어져
발길에 차여도
잃어버린 꿈
찾지 못하고
서성이는 산기슭

이미 지나간
수많은 사람의 발자국을 따라
그림자 길게 만드는 나무 곁에
하루를 묻고

>

한여름 내내 모았던 기억을
툴툴 털어 버리는
저 멋없는 상수리나무 곁에도
첫눈이 내리면 더 수척해질
등 굽은 소나무 곁에도
잃어버릴 것 같은 꿈
걸어두고 간다

가을

잊히듯
버려지듯
초라하게 남아
의미를 잃어버린 꿈

색바랜 책갈피에
덕지덕지 붙어있는 미련
툭툭 털고 일어나면 좋은데
욕심 가득한 망설임이 아쉽다

멈칫멈칫 갈 길을 주춤거리며
비어버린 아픔 때문에
따스한 체온 갈무리하지도 못해
한바탕 몸살을 앓고

투명해지는
내 삶의
끝자락
후회와 용서 가득 모은다

>

저문 햇살 속
서리 내린 가지 끝에
남은 빛 한 점을
조용히 붙들어 본다

가을 밤

층층이 쌓이는 차가운 이슬 무게에
지쳐 떨어지는 낙엽같이
낡아가는 기억 속에서

지는 햇살의 마지막 온기 감싸 안아도
스산한 바람 하나 이겨 낼 여유 갖지 못하여
외투 깃 가득 서러움 담아
온기 잃어버린 이불 속에 숨기고

가슴 울렁이며 얼굴 붉힌 그리움이
애꿎은 넋두리로 마음 아파
자꾸만 또렷해지는 얼굴 하나

귀뚜라미 소리에 덮어
창밖으로 내몰아도
밤새 내내
곁에서 칭얼댄다

가을이 오면

서쪽 하늘에
유난히 붉은 노을이 피어나서
문밖 외등
밤새 켜놓아야 하는데

언제일지 모르지만
귀에 익은 발자국 소리 들려올 시간까지
카페인 가득한 차 한 잔 기울이면
밤새 뒤척이다 꿈에서 만난다

횡설수설 하고 싶은 이야기
다 잊어버리고
숨겨놓았던 사랑 이야기도 하지 않았는데
빙그레 웃으며 돌아서는 뒷모습

책상 맨 아래쪽
서랍 속에 숨겨진
낡은 일기장의 이야기처럼
또 깊은 적막에 빠집니다

9월에는

소롯이
비가 내린다고
메시지 보내면
뭐라고 할까요?

차 한 잔 들고
창에 기대어
따스한 햇살에 실려 있는
행복을 기다린다고
엽서라도 보내면
미소라도 지을까요?

혼자
온통 하루를
골목 어귀에
낯익은 모습을 찾으며
스산하게 울어대는 귀뚜라미 마음을
헤아리려 했다고
넋두리하면
한바탕 웃어줄까요?

>
　　그 싱싱했던 나뭇잎이
　　조금씩
　　그리움에 지쳐 간다고
　　편지를 쓰면
　　전화벨이라도 울릴까요?

나의 가을

모든 것을 걸고
매달려온 지난 세월이
하릴없이 서성이는
바람에도 흔들려 위태롭고

절대적인 사랑을 품은 햇살도
눈부심으로 외면하고 싶은 것은

너무나 심한 목마름과
지겹도록 뜨거움을
버티어오며
쇠잔해진 내 모습이
잊히지 않으려 몸부림치는
아쉬움 때문이다

곧 세상은
처절하게 살아왔건
행복에 겨워
지루하게 살아왔건
선택하지 않고 보상하겠지만

>
　　초라한 몰골로
　　옳게 영글지 못한
　　변두리의 삶은
　　슬금슬금 눈치만 늘어 쓸쓸하다

　　지금부터 다시
　　밤새 내리는 차가운 이슬도 머금고
　　짓궂게 부는 바람에도 버티고
　　가늘어진 햇살도
　　해바라기하리라

분꽃

그녀의 창가
작은 화분에 피어있다
저 멀리 보이는 수많은 불빛이
비치는 어느 집 창가에
수다스럽게 가득

가느다란 손끝으로
흐드러지게 핀 분꽃 무더기 앞에 앉아
수줍게 마주친 눈길을 매만지며
분꽃만큼 많은 기쁨과 행복을 담고
소담스러운 웃음으로
가슴 철렁하게 했던
그날

그리움부터 먼저 배울 것을 알았듯이
조그마한 바람에도
후드득 지고
그녀의 고운 손바닥에는
까맣게 멍든 씨알들이
사각거리며

웃고 있다

분꽃 2

눈물만큼 맑은 이슬을 머금고
밤새 참아온 서러움이
첫 새벽
후드득 날아오르는
그리움으로 울어버렸다

안개 자욱한 동구 밖
버스정류장에서부터 시작된 그리움이
창틈을 비집고
찾아오는 햇살에 잊히지 않으려
재채기를 시작하고

부끄러움만 가득한 하루를 살다가
술렁이는 바람이 옷깃을 스며드는
차가움에 돌아보면
붉은 노을이 낀 서쪽 하늘 아래
가득 그리움을 만들고 있다

낙엽

책갈피 속에
바스러질 듯 남겨져
언제부터인지 침묵으로 가라앉고

수많은 망각 속에서
유독 잘난 체하며 버티는
아련한 기억 한 가지

낡을수록 또렷하게
책갈피에 스며든
우리 둘의 이야기

발길에 차이는 수다스러운 속삭임은
차가운 서릿발에
가라앉을 꿈까지 잊어버린 듯

맑은 눈망울과 따스한 손과
슬픔이 가득 채워진 찻잔의 풍경
둘은 서로 바라보기만 한다.

낙엽 2

수많은 기억 속에 묻혀
보이지 않는 색바랜 가슴 조각

숨죽여 멈추어선 계절 속에
부산스레 움직여도
잊힌 숙명에 초라해지고
턱턱 갈라지고 쓰러지는 아픔을
누가 알랴마는
끼리끼리 모여 식어가는 체온을
나누는 정으로 바스러지며
기억나는 수많은 슬픔 탓하지 않고
술렁이는 바람에 어울려 꿈꾸러 간다

차가운 겨울 속으로

늦가을

가슴에 품었던 수많은 기억을
끄집어내어
어수선하게 불어오는 바람결에
하나씩 흩날리며
잊어야 한다

남모르게 숨겨왔던
어설픈 사랑
추적추적 비 내리는 날
서럽게
한잔 술로 잊고

곁에 있어야만 하는
애증은
허물어져
거리에 흩날리는 낙엽 되어
버려지고

언젠가는
잊히지 않은 추억으로

가슴에 뭉쳐져 아파 와
몸져누우면
사랑이려니

늦가을 2

지독한 외골수로
바짝바짝 가슴 태우며
청청하게 버티던 그 열정에
외로움을
조금씩 알아갈 즈음

나직이 속삭이는
귀뚜라미 이야기에
보고 싶은 마음은
짙푸르게 변하여
멍들어가고

가슴속에 접힌 사진첩 속에는
외로움에 그리움까지 보태어져
서쪽 하늘에 드리워진
해 질 녘 풍경에
눈물이 글썽이고

수많은 추억의 이야기들은
풀잎에 맺힌 이슬로

세상을 적셔도
아침 햇살은 눈길 한번
돌리지 않는다

점점 커져만 갈
고독과 혼란스러운 가슴은
스며드는 쓸쓸함과 옥죄는 외로움을
어떤 색으로 어떤 내음으로
품어야 하나

동지

어디서 추위에 떨고 있던
여린 햇살이
조금씩 도타워질 거라
억지로 참아온
기다림이 불쑥 일어나
멀지 않아 찾아올 눈부신 풍경을 위해
창문을 연다

바람은 어제처럼 냉정하게
돌아서 있고
추위를 운명으로 짊어진
낡은 매화의 가슴
마른 가지에 숨어 숨 쉬는 목련의 겨울눈
서릿발 가득한 땅속 씨알들 모두 모두
잔뜩 설렘과 그리움만 꿈 꿀뿐

동화되지 않은 마음에
하얗게 눈이 내리면
세상은 아직 한겨울이다
어딘가에 숨겨둔 따스하고 파릇한 꿈

시나브로 자리 잡는 날

밤이 부지런히
새벽을 깨우기 시작하는 오늘이다

겨울

다 기억할 수 없는
수많은 시간을
떨어져 바스러진 낙엽과 함께
철모르는 겨울비에
씻어 보내고

술렁이는 바람이
매몰차게 휘젓고 다니는
골목길에 서서 망설입니다

헐벗어 떨고 있는
플라타너스 가로수 곁에
버려진 기억이
서릿발 내려앉아
잠들지 못해 서러워도

추억 속에 남겨진
그리움 하나
얼어버린 가슴 감싸 안으면,
얼음 조각같이 차가웠던 별들도

텅 빈 활엽수 숲에 남겨진
내일을 꿈꾸는
겨울 눈 만큼 따스합니다

겨울 2

하나 둘
잠들어가는 어둠의 시작
그리움으로
불쑥 눈물이 흘러도

햇살 한 자락 머문 곳에
질펀하게 자리 펴고 앉아
쓰린 상처 꾸덕꾸덕 말라가는 아픔을
만끽하며 산다

돌아가지 않아도 되는 젊음이
언제 그랬냐는 듯
혼자
더덩실 춤추며 떠나고

불현듯 떠오르는 나의 꿈
차가운 바람에도 식지 않고
곁에 맴도는
계절의 외로움으로 보듬어본다

>

다 잠들고
다 잊히어도
따스한 햇살 머무는
귀퉁이 한 곳 남아있으니

겨울 3

하늘에 휑하니 슬픔이 걸리고
수없이 많은 추억이,
서로의 체온을 나누며
종일토록 서성이는 신작로를
낯선 바람이 술렁이며 지나고

비어버린 슬픈 가슴에 켜켜이 쌓이는 하얀 서릿발
긴 긴 밤에 술렁이는 아픔들을
보듬고 잠재워야 하는,
혼자 감당하기 버거운 삶이
밤새 키 큰 느티나무에 걸려 펄럭인다

춥다
한껏 외투 깃을 세우고 종종걸음 하여도
이미 몸에 배어버린 추위를
나누어줄 사람 하나 없어
바쁘기만 하다

제3부

그대

그대

그대의 공간만큼
비어있어
나는 바보로 불립니다

그대의 향기가 깨울 때까지
일어나지 못하는 잠꾸러기입니다
차가운 서릿발에 갇혀
꼼짝 못 하는 겨울눈입니다

여린 손끝으로 전해주는
체온이 없으면
평생을 꿈만 꾸는 철부지가 됩니다

그대 모습만 보이는
눈은 꿈속이고
그대 목소리만 들리는 난청은
행복이고
그대 향기만 느끼는 가슴은
기쁨입니다

>

그대만 기억하는 치매를 앓습니다

그대 2

그대 가슴속 기억이 흩어져
나를 잊어도
머릿속 추억으로 남으려 합니다

흘려버린 눈물이 메말라
서글픔이 된 그리움
책상 속 깊숙이 숨어
울먹이고 있어도

삶이란 지독한 고통으로
모른 채 살아와
낡을 대로 낡아버린 추억이 되었지만
한잔 술로 포장하면
봄 햇살처럼 따스합니다

메말랐던 땅에
소롯이 비 내리는 어느 날
울먹이던 가슴이 울어버릴지도……

그대 3

어디에도 없다.
햇살만 따스할 뿐
싸늘한 바람이 불어오는 이 세상에
혼자 꼭꼭 숨어있는 겨울이다

부드럽던 손길
따스한 눈길
한꺼번에 잃어버린
허접한 기억이
왜 이렇게 부질없이
남아있는지

뻔히 보이는 슬픔을
애써 외면하며
허세를 부리는 못난이가 되어 아프다

돌아오지 않을 것이 분명한데
서릿발 속에 묻힌
허접한 기억을 다독이며
봄을 기다린다

그대 4

수많은 이야기 속에
숨어버린 꿈
얕디얕은 가슴에 박힌 미련

어느 날
곁으로 다가온 줄 알았는데
그게 아니라
갑자기 떠나버린 그대
너무 쉽다

여전히 거기 있으려니
기다림 가득 품고
하늘 한번 보고 웃는다

그리움

하늘에
온통 하늘에 가득합니다.

아무도
모르고 그냥 지나쳐도

혼자 알고
쳐다보는 이 기쁨

알아주지 않아도
알려지지 않아도

늘
바람결같이
흩날립니다.

그리움 2

하얀 종이
아무것도 쓰여있지 않아도
읽을 수 있어요

손끝 하나 닿은
곳곳
가슴 조금 스친
곳곳

하늘빛
외로움 스며 있는걸

종일토록 기다려도
영원히
오지 않을 것을

문밖 조그만 기척에도
문득 잠 깨는
이 밤에
눈물이 흐릅니다

그리움 3

우리 둘이
바라보던 서쪽 노을빛
낯선 건물에 가려 잊히듯
그렇게 잊어버리나요

수억 년이 지나도
화석으로 남듯이
두근거리는 설렘으로
켜켜이 쌓은 가슴
잊을 수 있나요?

바람이 불고
후드득
소나기 한줄기 내리는 시간
흠뻑 젖은 머릿결에
하얀 웃음 가득히 머금은 얼굴이
무지개 타고 옵니다

그리움 4

까맣게 멀어진 기억 저편에
유난히 반짝이는 닿을 수 없는 인연
영원히 머물 수 없어 아프다

막힌듯 머물러 있는 생각 속에
바람만 불어도 흔들려
툭툭 떨어져 발길에 체이고

가슴에 안고 돌아서면
포근한 바람 불어
봄 향기처럼 설레어 잠들지 못하고

아지랑이 아른대고
매화 가득 뜰에 모이고
화사한 목련향 가득하면
봄이 찾아오듯
그럴 겁니다

기다림

어두운 동쪽 하늘이
꿈꾸듯 사랑을 토해내면
적막에 눌려 머뭇거리던
내 슬픔
새벽 물안개 되고

바람에 흩날리는
애잔한 머릿결 뒷모습에
가득 눈물 고이고
눈부셔 고개 숙이면
긴 그림자와 함께
밀려드는 서러움 덩어리

허둥지둥 걸음 옮겨도
아직 그 자리에 머물러 있는 꿈
애써
터벅터벅
그림자 끌고 돌아오면

가무잡잡한 기억들이
다닥다닥
온몸을 옭아매고
하나 둘 밝혀지는
현관 등불은

내내 나처럼
밤을 지새울 모양이다

기다림 2

켜켜이 쌓인
추억들을 뒤적이며
서러움과 외로움
참고

가끔
몽땅 버리려
휘휘
팔 휘저으며 걸어가도

아무도 모르게
혼자만 해야 하는
너무나 아픈 일

꾸역꾸역 슬픔 누르며
밤새 뒤척인 아침이
설렌다

사랑

종일 외로움과 싸우고
항상 그리움만 가득한
지독한 세상

차갑게 불어오는
초겨울 바람에도
조금은 여유를 부릴 수 있는 자신감

떨어져 아픈
낙엽 가슴만큼 허허로워
옆에 없다

멀리서 찾아올 봄날 햇살같이
기다림 가득한 하루에
꼭 하나 빠지는 가슴

늘 곁에 있을 것으로
약속하지 못해서 사랑은
그립다

>

가질 수 없어 사랑인 것 같다

사랑 2

빙그레
입가에 다정한 웃음 하나 머금고
바라봅니다

울창한 숲속
나뭇잎 사이로 비치는
한 줄길 햇살처럼
눈부신 미소가 전해옵니다

언제나처럼
무심한 듯
마음만 전하는 눈길에
온통 반짝이는 진심을
숨겨둡니다

말할 수 없는 마음
표현하기 부끄러운
생각을
무심한 듯 스치는 손길에
가득 채워

손잡아 봅니다

사랑 3

눈을 감고
잠시 잊으려 합니다.
텅 빈 겨울 산을
물끄러미 바라보며
아픔을 얼리려 합니다

멍하니
차가운 바람이 불어와서
생각이
얼어버리길 바랍니다

무심코
내뱉은 한숨을
듣지 못하게
바람 소리 크게 들렸으면 합니다

겨울에도
점점 커져만 가는 그리움의 나이테에
진한 멍 자국 또다시 보태어져
초사흘 초승달만큼

차갑게 설레어 봅니다

짝사랑

철 늦은 잔설이 숨죽여 햇살을 피할 때
처음 눈 맞추고 손잡아
부끄러움 감추려
분홍빛 복숭아꽃 그리 고운지
처음 알았다

키 큰 해바라기
여름 내내 버티다가
텅 빈 가슴 허수아비 닮아
해 질 녘 서산에
슬픔 토해내고

밤을 지새운 별들이
휘청휘청 찬바람에 쏠리면
우수수 낙엽 되어
잊히진 듯 돋아나는
가슴속 뾰루지

꼭 당신에게 하고 싶은 말 묻어버렸어요

첫사랑

울컥울컥 가슴에 머물러 있는 아픔
혼자만의 숨긴 슬픔으로
잠들어있는 모습
이러니 자꾸 눈물이 난다

언제부터인가
희미하게 잊히려
돌아선 듯해도
텅 빈 뒷모습 밟으며 흔들린다

혼자이기보다.
둘로 기억되고 싶은
슬픔에
어울려 남아있다

제4부

고목

고목(枯木)

치렁치렁 가렸던 부끄러움
온몸 가득 채워두었던 욕망
훌훌 털어 버리고
바람 부는 들녘 가장자리에
무뚝뚝
혼자

밤새
바람 소리에 묻혀
들리지 않는 울음
속으로 곪아가는 시간
푸석푸석 메말라
쓰러지고

까맣게 새겨진
세월의 앙금처럼 많은 이야기들
긴 밤을
내내 지새워도 다하지 못하여
소복이 내리는 첫눈에
꺾이고

\>
이제는
한 무더기 불꽃에 몸을 실어
멀고 먼
삶의 애착을 날려 보낸다

묻어버리기

조금씩
체온이 식어갈 즈음
한 뼘 땅을 파고 애 달아하는
사랑을 묻어 봅니다

조금 더 외로울 때
더 깊이 땅을 파고
아픔도 묻어 봅니다

얼마 후 낙엽이 져
내가 묻은 사랑과 아픔이 덥히면
붉은색 꿈으로
노란빛 희망으로
하늘빛 환희로
초라한 국화로 피렵니다

향기가 초라하고 모양이 비뚤어져도
내가 묻은 아픔일 거고
내가 더 깊이 묻지 못한 죄일 겁니다

떼어낼 아픔도 없고
버릴 기억도 없이
추억을 뭉뚱그려 묻어버렸기에

난
하늘빛 꿈을 꿀 겁니다
아무 생각 없이……

바람이 불기를

앙상했던 풍경이
어느새 기쁨 가득한
아우성 장터로 변하여 술렁인다

숨겨놓았던 꿈 잊고 있었던 인연
활짝 가슴을 열고 언제라도 곁을 내어줄
너그러운 마음

어느 때라도 안아줄 넉넉함을
온통 세상에 뿌려놓고
사랑 가득 품을 가슴으로 기다리고 있다

이제 바람만 불면 된다.
멋진 비상을 축하할
뜨거운 바람

벽두(劈頭)에

낯익은 이의 뒷모습
잊히는 듯 쓰러지는 듯 가물거린다.
다가오는 낯선 이의 모습보다
더 정들고 애틋하지만
막을 수 없는 헤어짐에
너무나 쉽게 보낸다

미련도 많고 아쉬움도 많아
뒤돌아보면
아무 표정 없이 너무 멀리 가 있다

기억에만 남으려 작정한 듯
이것저것 툴툴 낡았다 버리고
냉정하게 돌아서 버렸다

이제는 영원히 만날 수 없는
조금은 허무한 사람
조금은 허약한 사람
조금은 초라한 사람
그런 사람을 보낸다

>
매일 매일 하루를 버티며
힘겹게 살아가는 넋두리를
모두 버리고
다시 낯선 이의 모습 되어
앞에 서면 안아주고 싶은 내 사람

너무 많은 낯익은 뒷모습을
너무 많이 초라하게 보내
이 벽두엔 술을 마시고
낯익은 슬픈 뒷모습을 잊으려
눈 감는다

비가 내리는 날에는

비가 내리는 날에는
종이비행기 날려야 한다,
비에 젖은 종이비행기 멀리멀리 날려야 한다

날아가다 날아가다,
힘이 다하여 떨어져도
날아간 만큼 그렇게 멀어진다

멀리 있어도 모르고
가까이 있어도 모르고
다만 손끝에 닿지 않는다고 투정 부리지만

빗물이 눈물이 되고
눈물이 빗물이 되고
그 사람 가슴 적시지 못하는 메아리 누가 들어줄까

의심은 병을 만들어
까마득히 높은 언덕에
나무 하나 심었다

외로움에 지치고 더위에 지치고
추위에 지쳐 몸겨누워
가슴 따스한 봄이 와도 모른 척 외면하며 돌아누웠다

가슴에 파란 그리움 만들고
허리에 초록의 마음 두르고
머리에 아득히 외로움 씌워

비가 내리는 날에
종이비행기
멀리 멀리 날려 보내야 한다

사는 것

허둥지둥 울리는 알람 소리
움츠렸던 몸을 일으켜 세우며
요즘 대세인 카페인 한 모금 머금고
수많은 사람 틈바구니에서
잃어버릴 것도 없으면서 허둥댄다

억지웃음을 얼굴에 달고
꾸역꾸역
멈추어버린 시간 속에 묻혀
낡아 부서질 듯 위태로운
꿈을 만들고 있다

한 번도 거부해 보지 못한 운명이
너무나 당연한 듯 멀찍이 서서 웃고
마음대로 마실 수도 없는 오염된 물로 갈증을 재우면
지루하기만 했던 시간이
책 한 권 쓰고도 남을 분량으로 모여 있고

늦은 가을 새벽녘
차갑게 내린 서리같이 서걱이며

몸을 눕히는 미지근한 침대 모서리에는
한 번도 쉬지 않은 삶이
자명종 시계 곁을 맴돌고 있다

산에 올라

간난애기 옹알이
시끄러운 개구쟁이 깔깔대는 소리
갓 시집온 새색시의 부끄러움
수다스러운 아낙네의 넋두리
삶의 흔적이 가득한
내 할머니의 사랑 가득 담은 잔소리

잃어버린 내 꿈같은
떡갈나무의 추억들이 흩어져
발길에 차여도
무심한 척 지난 이야기로
서성이는 산기슭

수많은 사람들의 발자국을 따라
그림자 길게 만드는 나무 곁에
하루를 묻고
한번 웃어본다

한여름 내내 모았던 기억을
추억으로 훌훌 털어 버리는

저 멋없는
상수리나무 곁에도
첫눈 내리면 더 수척해질
등 굽은 소나무 곁에도
내 잃어버릴 것 같은
꿈
또 걸어두고 간다

상처

아주 작은 티끌 같고
아무 쓸모 없는 지푸라기 같은 표정 부스러기
고이고이 앙금으로 남겨 놓았습니다

생각 없이 던진 손짓에도
혼자 웅얼거리는 넋두리에도
조금씩 곪아가던 상체기

새 움 트고
햇볕 따갑고
온 산이 붉게 물들고

텅 빈 겨울이 와도
아무지 못하고 아픈
상처 하나 남아있습니다.

파도 소리 문득 잠 깨우는 곳이나
단풍 곱게 물든 가을 곁이나
하얗게 눈 내린 겨울 속에……

이별

내가 아파 당신이 편하면 가세요
긴 슬픔을 잊을 수 있을 강한 당신
외로워 울먹이는 가슴으로 보냅니다

수많은 기억 속에
잊어버릴 이야기 골라내는 일은
당신의 웃음만큼 아픕니다

언제쯤 다
골라낼 수 있을지 걱정이지만
저 뒷동산 양지쪽에 묻을 겁니다

나만큼 아파도
나보다 더 외로워해도
눈길 한번 안 주고 멀어질 겁니다

아련한 아픔과 희미한 후회들로 가득한 뒷동산
봄이 오지 않을 듯한 후미진 곳에
버려진 나의 꿈과 버무려져

>

울지도 못하고 웃지도 못하는 망각으로 남겠지요
안아 줄 방법이 없어요
젊음을 잃어버려서

장작의 꿈

용서하지 않을걸
돌아보지 않을걸
멈칫거리지 않을걸
그렇게 휘둘러 잡아챈 손아귀에
낡은 기억들만 주렁주렁

이제 어떻게 해야 하나
넘어진 채 그냥
잃어버린 동전 마냥
지워버린다면
나는 어디에서 기억될까

산 너머
해가 진다고
그냥 멍하니 골목길에 멈추어선
내 가슴
가자 가자

해보다 먼저
죽어라 허우적거리면

어쩌면 보름달이 뜰지도
그래 발바닥 아파도 다리가 저려도
한번 달려가 보자

어딘가 분명
어딘가에 내 몸 눕힐 따스한 움막 하나 있을지도
바라보지 말고 기대하지 말고
그냥 마구 억지로 대들어보자
이 세상에

장작의 꿈 2

청산에 살려 했다
아주 작은 틈 하나 비집고
백두를 넘나드는 큰 꿈 하나 꾸면서
자리 펴고 하늘은 보려 했다

바람이 불어도 흔들리지 않을
믿음 하나 품고
소소한 아픔들은 속으로 새기면서
거룩하게 하늘을 가리려 했다

너무 많이 바라지 않아도 되고
숙명은 모르는 척 남겨두고
허망하게 키만 키워
하늘에 닿으려 했다

억센 바람, 혹독한 추위와
드센 편견이 군림하고
억겁의 세월은 쳇바퀴처럼 돌아
무한 반복되는

>

고만고만한 사건들로 채워지듯
짊어진 굴레를
더 이상 벗어나지 못하고
하얗게 눈이 내리면

밤새 몸살로
수척해진 꿈 하나 덩그러니 남긴 체
부대끼며 잊히며
삶을 지탱하는 허접한 모습

억지로 살아가지 않아도
그냥 그렇게 말라버린
내 청춘에 부스럼처럼 남겨진
찬란한 꿈

절교

소담스레 쌓이는 무게에 짓눌려
억장이 무너진다.
백 년 세월의 꿈
영원하리라 믿은 시간
철 늦은 함박눈에 꺾여 아픈 상처만 남은 솔밭

세월의 흔적
숨겨둔 슬픔 감추려
그 매서운 바람과 싸워
자리하나 차지한 욕심이 너무 가혹하다

울 수도 없는 슬픔에
멍들며 참아 온 기적 같은 세월도
돌아갈 수 없는 전설로 남고
또 아픈 상처 하나 보태면
첩첩이 쌓이는 후회

뻔히 보이는 욕망의 끝
돌아갈 수 없지만
악다구니 한 사발 쏟아놓고

버림받는 아픔을 아는가?

돌아 보아주지 않는 세상 속에
남길 것 하나 없는 가벼움
잊을 거 하나 없는 외로움 두리뭉실 뭉쳐서
드러난 상처에 차가운 이별로 덮는다

추억

내 눈물 안으로 숨어든
네 모습
손끝 가까이 항상 있어도
내내 닿지 못하고 뒤척이는 꿈속에

매일 매일 내몰리다 지쳐
가슴 한구석에 자리 만들어
눈물 속에, 손끝에
고스란히 숨 쉬고 있다

세상이 힘들어 술 한 잔 마시면
언제나 어깨 다독이는 낡은 기억 되어
울컥울컥 토해내는 슬픔에 목메어 울어주는
나보다 더 슬픈 너

이때쯤이면 아주 멀리 떠났을 시간인데
추적추적 그림자 만들어 맴돌며
온종일 비 내리는 봄에
잎새 푸르르듯 진해져 가고

>

차갑게 내뱉는
겨울 한숨 같은 아린 가슴에
묻혀있는
내 사랑

추억 2

아무 말 하지 않아도
아무 표정 짓지 않아도
건드리면 툭 터져 나올 울음을
가슴에 담아둔 것 알고 있습니다

힘들게 하루를 손아귀에 움켜잡고
가슴 찢는 슬픔을
못 본 체 고개 돌리는
불안한 뒷모습을 가진 당신

곁에서 늘 보듬고 있어도
곁에서 늘 바라보고 있어도
표시 나지 않는
내 사랑

차곡차곡
기억 속에
묻어버리기만 하는
나는
당신의 추억입니다

허수아비

비껴가는 꿈을 잡은
못 박힌 손바닥
허공을 휘저으며
갈피를 잡지 못해도

온종일 부대끼는 삶의 눈초리에
서러움이 북받쳐도
서쪽 하늘에 맺히는 진실 한 무더기
버릴 수 없는 기억들

아무것도 알아낼 수 없는
도시인의 표정에 어울리지 못하고
서릿발처럼 일어나는 의혹을 피해
귀 막고 하늘 보며 혼자 살아온 습성

씌워진 굴레를 탓하지 않고
잊히는 사랑에 목말라하지 않고
헤어진 가슴 부둥켜안고
저무는 세상 지키고 있다

>

바람은 여전히 불어오는데
듣는 사람 하나 없어도
혼자
노래하고 있다

혼자 걷기

솔바람 소리 가득한 뒷산 중턱에
흐릿한 흔적으로 남아있는
수많은 기억의 틈새로
불쑥 비집고 나오는 아쉬움

후 우
긴 한숨 몰아쉬고 둘러보아도
호젓한 산길에 그림자 하나뿐이다

수많은 발자국에
뒤섞여버린 추억으로 기억해 낼 수 없어
잊은 듯 멈추어 있었을 슬픔이
외로운 그림자에 떠밀려 불쑥 길 막으면
조용히 주저앉아 눈 감아버린다

혼자 남긴 흔적같이
희미하기만 한 기억 속에는
손잡아 놓지 말아야만 하는 내가
멍하니 아픈 모습으로
뒤돌아서고 있다

>
이제
더 이상 외로워하지 않고
아파하지 않으려
눈물 가득 슬픔 가득
숨겨놓고

오뉴월 가뭄에
버틸 수 없는 갈증으로
세상 모른 척 돌아누워도
이미 아픔에 이력이 난 삶이
서쪽 하늘에 붉게 서성이고

길가 가로등
혼자 키운 그리움만큼
보고 싶은 마음 가득하다

혼자서

목적 없는 넋두리도 남기고
많지 않은 시간도 흘려보내고
그러다 보면
어느덧
오늘과 내일이
서로 버팅 길 만도 한데
아무런 거부감 없이
내일이 오늘이 되고
오늘이 어제가 되는 시간

너무나 가까운 과거에 마신
소주 몇 잔에
아주 먼 슬픈 과거들이 부산히 일어서고
아웅다웅 잘잘못을 따진다

이제는 아니다.
이제는 더 이상 아니다.
멀어진 것이 얼마이고
잊히진 것이 언제이냐 말이다

서로 지척에 있건만
아스라하고 생생한 어제의 아픔으로
키만 훌쩍 커버린
해바라기처럼
가슴 횡하니 비어버린
허탈한 오늘이 되어있다

혼자서 한 병의 술을 마시고,
한 곡의 노랠 부르고,
하나의 기억을 주름살로
하나의 마음을 치매로 잃어가면서

늦여름
이름 모를 밤벌레 울음소리에
또 하나의 어제를 만들고
또 하나의 오늘을 만난다

후회

아스라이 멀어진다.
온통 좌절로 섞어 버린 슬픈 가슴을
차창 밖 늦은 오후의 햇살에 실어
젊음을 잃어버리듯
어제란 휴지통으로

미련도 없이 고통도 없는 듯
억지웃음으로 때우면
하루는 이미
내 턱밑으로 다가서서
감정 없는 꿈으로 몰락한다

더 이상 바라지 않아야
더 이상 기다리지 않아야 쉬 잠들겠지만
온종일 버틴 허기진 영혼은
아귀처럼 매달려
또 다른 욕망에 휩싸인다

더 이상 얻지 말자
있는 것 없는 것

허세 하지 말고
오늘을 내가 버리듯
버려지는 내가 그냥 횡하니 있자

다시는
같은 꿈에 잠 깨지 말기를

해설

인간과 자연 사이에 가득 찬 깊은 설움의 정체

— 시인이 부르는 세레나데를 위하여

서성수(시인)

오랜만의 연락을 주는 친구가 시집을 내고 싶다고 했을 때, 원고를 먼저 보내달라고 했다. 그동안 써 둔 90여 편의 시가 금방 내 앞에 도착했다. 반가운 마음으로 단숨에 원고를 다 읽어보았다. 초등학교 친구이고 오래 친하다고 해서 당연하게 넘어왔던 많은 시간 동안, 친구가 살아온 삶의 궤적을 따라 곳곳에 단단한 언어의 침묵을 깔아 두고 있었다는 것을 살펴볼 수 있었다.

    아스라이 멀어진다.
    온통 좌절로 섞어 버린 슬픈 가슴을
    차창 밖 늦은 오후의 햇살에 실어
    젊음을 잃어버리듯
    어제란 휴지통으로

    미련도 없이 고통도 없는 듯
    억지웃음으로 때우면

하루는 이미
내 턱밑으로 다가서서
감정 없는 꿈으로 몰락한다

더 이상 바라지 않아야
더 이상 기다리지 않아야 쉬 잠들겠지만
온종일 버틴 허기진 영혼은
아귀처럼 매달려
또 다른 욕망에 휩싸인다

더 이상 얻지 말자
있는 것 없는 것
허세 하지 말고
오늘을 내가 버리듯
버려지는 내가 그냥 횅하니 있자

다시는
같은 꿈에 잠 깨지 말기를

―「후회」 전문

 어제라는 휴지통으로 감정 없는 꿈이 몰락하고, 허기진 영혼에 아귀처럼 매달린 욕망은 시인의 삶을 어디로 내몰았을까.

1. 여린 시인의 위태로운 꿈

그 선로는 모두 한곳으로 향하고 있고, 선로 위를 달리는 문학의 객차 안에는 숱한 감성과 열정과 추억과 회한, 형용하기 어려운 삶의 편린이 가득가득 실려 있었는데. 한마디로 집약해 본다면 나이 많은 먹은 친구의 순진무구한 내면의 고백이다. 함께 짐작되는 서사의 무게 혹은 부피라고 표현해도 되는 한 인간의 감정의 흐름이 드러나고 있었다.

아주 작은 티끌 같고
아무 쓸모 없는 지푸라기 같은 표정 부스러기
고이고이 앙금으로 남겨 놓았습니다

생각 없이 던진 손짓에도
혼자 웅얼거리는 넋두리에도
조금씩 곪아가던 상처기

새 움 트고
햇볕 따갑고
온 산이 붉게 물들고

텅 빈 겨울이 와도
아무지 못하고 아픈

상처 하나 남아있습니다.

파도 소리 문득 잠 깨우는 곳이나
단풍 곱게 물든 가을 곁이나
하얗게 눈 내린 겨울 속에……
—「상처」전문

시를 읽는다는 일이 시인의 마음을 만나는 일이고, 시집을 읽는다는 일은 시인의 삶을 모두 훔쳐보는 일이 된다. 같은 이야기를 다른 방향에서 말하면 시를 쓴다는 일은 시인 자신의 마음을 드러내는 일이고, 시집을 낸다는 일은 자신의 삶의 내밀한 치부까지 포함한 전부를 적나라하게 드러내는 일이다.

허둥지둥 울리는 알람 소리
움츠렸던 몸을 일으켜 세우며
요즘 대세인 카페인 한 모금 머금고
수많은 사람 틈바구니에서
잃어버릴 것도 없으면서 허둥댄다

억지웃음을 얼굴에 달고
꾸역꾸역
멈추어버린 시간 속에 묻혀
낡아 부서질 듯 위태로운

꿈을 만들고 있다

한 번도 거부해 보지 못한 운명이
너무나 당연한 듯 멀찍이 서서 웃고
마음대로 마실 수도 없는 오염된 물로 갈증을 재우면
지루하기만 했던 시간이
책 한 권 쓰고도 남을 분량으로 모여 있고

늦은 가을 새벽녘
차갑게 내린 서리같이 서걱이며
몸을 눕히는 미지근한 침대 모서리에는
한 번도 쉬지 않은 삶이
자명종 시계 곁을 맴돌고 있다
—「사는 것」 전문

   수많은 사람 속에서 허둥대는 일상의 삶이 여린 시인에게 얼마나 힘겨웠을까. 낡고 부서질 듯 위태로운 꿈속에서, 거부할 수 없는 운명과 마주치는 순간들. 갈증으로 부대끼는 지루한 시간. 차가운 서리가 자명종 시계 곁을 맴도는 일이 되고 만다.

   내가 늦깎이로 시인이 된 이유가 이것 때문이었는가. 시집을 내고 해설을 쓰고, 출판사를 찾기로, 내가 해야겠다고 마음먹었다. 그것은 시집의 내는 과정에서 기존의 출판

체계에서 진행되는 과정의 상업적 혹은 자본의 장난질에 친구의 순진한 마음이 상처를 입게 하고 싶지 않은 마음 때문이었다.

> 혼자 외로움
> 반가운 새들의 이야기에 잊고
> 때 늦은 벌 나비
> 정숙하게 돌려보내고
> 그냥 숲에 기대어
> 마음 정화하고
>
> 가슴 아픈 사랑 이야기
> 귀동냥으로 듣고
> 온몸 가득 품었던 기다림 털어 버리고
> 슬프게 슬프게 멍이 듭니다
> ―「산매화」 부분

그러나 시인은 혼자 외로움을 느끼는 것만으로 영혼을 소모할 수 없었다. 그의 세계에는 새가 있고, 벌과 나비가 있고, 산매화가 함께 피고 있었다. 무엇보다 가슴 아픈 사랑이 멍처럼 새겨져 있었다.

친하다는 것과 자주 본다는 것은 별개의 일일 수도 있다. 살다 보면 별로 친하지 않은데도 자주 보는 사람이 있고,

아니 더 정확하게 이야기하자면 친한 줄 알고 자주 만났지만 어느 한순간 아무것도 아닌 배신과 실망, 후회와 아픔이 되고 마는 껍데기만 우정이란 관계가 없지는 않으니까. 반대로 자주 보지는 못해도 항상 진한 우정의 살점을 주고받는 친구도 있는 법이니까.

2. 지독한 외골수, 시인의 자화상

시인이 필자에게 시집을 내고 싶다는 연락을 하게 된 것도 우연한 사건이었다. 2년 전에 낸 필자의 시집을 받아본 고향의 마을금고 이사장실을 방문한 시인에게 친구가 전해준 소식을 듣고 전화하였다고 했다. 시집을 내야겠다고 생각하고 있던 시인의 잔잔한 가슴에 불길이 일었음이 분명했다.

겨우내 무겁게 짓눌렀던 먼지를
툴툴 털며 찾아와

세상 다 가진 듯
화사한 웃음으로 설레고

따가운 햇살에 눈부셔
숨죽여 앉은 꿈

상큼한 사랑 이야기로
　　툭툭 건드려

　　온 세상
　　숨 가쁘게 만들어 즐기는
　　시청자

　　　　　　　　　　—「봄비」전문

　겨우내 짓눌려 있던 먼지를 털어내고, 화사한 웃음과 따뜻한 햇볕을 만나 눈부신 사랑에 빠지는 것처럼 봄비가 내린 날이었겠다.

　시인과 고등학교 때까지 자주 혹은 가끔 만나 오다, 졸업 이후 꽤 오랜 시간을 지날 때까지 서로의 소식을 모른 채 살아왔다. 필자도 고향을 떠났고 시인도 다른 지역으로 떨어져 각자의 삶을 살았으니 당연한 일이기도 하다. 물론 중간중간 동창회 행사 등등으로 만나고 얼굴을 보고 술잔을 나눈 적도 있지만 서로의 사는 이야기를 속 깊게 나누어볼 기회는 거의 없었다.

　　가슴에만 떠돌던
　　꿈 이야기,
　　발끝에 대롱대던 그리움

설래임에 싣고

서먹한 분위기 날려버릴
바람 한 줄기 가득할 때
세상에 온통
사랑을 흩뿌려 혼돈케 할
꿈을 꾼다

―「봄맞이」 부분

 시인의 세상은 때로 바람 한 줄기에도 요동치는 사랑이 있었고, 사랑은 혼돈이 되었다가 꿈이 되고, 그리움이 되고 설렘이 된다.

 그런데 시인은 그때부터 시를 써왔다는 이야기를 듣고 많이 놀랐다. 필자도 고교 시절 문학청년으로 세상을 배우고 있었고, 스스로 글쓰기 재주가 부족하다는 이른 자각으로 문학을 벗어난 인생 항로를 선택하게 되었다. 시인은 시를 쓴다는 일도 그렇지만 더욱더 중요한 것은 기존 질서에 순화되기보다 새로운 가치와 질서를 추구하는 반항적 면모를 가지고 있었다는 사실이다. 이러한 성정은 이후 시인의 삶을 관통하여 삶의 곳곳에서 사고와 철학을 제시해 주는 방향타가 되었다.

 갈팡질팡 방황하는 풍경에

멋모르고 웃어 재끼는
저 미운 바람은
세상을 온통 상처로 남기고

샛노랗게 가슴 키우던
길가 둔덕에 자리한 개나리
메케한 매연과 소음의 틈에서
웃을 수도 없이
자리만 지키는 그 여린 꿈이
너무나 복잡한 세상에 묻혀
추억으로만 달라붙고

그렇게 그리움 가득 안고
살다 보면
문득문득 찾아오는
젊은 꿈은
잊은 듯 잊힐 듯
흩날리는
목련의 낡고 슬픈 모습이겠지요

—「꽃잎이 지면」부분

   방황과 상처, 매연과 소음, 꿈과 추억은 서로 길항작용을 하며 시인의 몸과 정신을 밀기도 하고 당기기도 하면서 세상 속에서 존재하는 이유를 찾아갈 수 있게 하였다.

초등학교 3학년 때 들은 시인이라는 존재에 대한 자각은 일찍부터 삶과 사고를 어느 한 방향으로 지향하게 되었고, 평범한 일상인의 삶 속에서도 시인이라는 특별한 종족의 유전자가 발현되지 않았을까. 사물과 현상을 대하고, 수용하는 자세가 평범하거나 외관적인 것을 뛰어넘어 특별하고 범상한 시각과 내재적, 감각적, 초현실적 기질이 시인의 정신과 육체를 통제하지 않았을까.

>지독한 외골수로
>바짝바짝 가슴 태우며
>청청하게 버티던 그 열정에
>외로움을
>조금씩 알아갈 즈음
>
>나직이 속삭이는
>귀뚜라미 이야기에
>보고 싶은 마음은
>짙푸르게 변하여
>멍들어가고
>
>(중략)
>
>점점 커져만 갈

고독과 혼란스러운 가슴은
스며드는 쓸쓸함과 옥죄는 외로움을
어떤 색으로 어떤 내음으로
품어야 하나

─「늦가을 2」 부분

지독한 외골수는 곧 시인의 자화상이다. 열정과 외로움, 멍, 고독과 쓸쓸함과 외로움과 같은 다양한 감정의 변주를 하나의 액자 속에 모두 모아 그려두었다.

그러다 보면 늘 부딪치는 문제가 시인이 숨 쉬고 살아가는 현실과 자기 인식의 간격과 갈등, 혼란과 수용의 과정이게 된다.

3. 시인이 부르는 세레나데

그녀의 창가
작은 화분에 피어있다
저 멀리 보이는 수많은 불빛이
비치는 어느 집 창가에
수다스럽게 가득

가느다란 손끝으로

흐드러지게 핀 분꽃 무더기 앞에 앉아10.5
수줍게 마주친 눈길을 매만지며
분꽃만큼 많은 기쁨과 행복을 담고
소담스러운 웃음으로
가슴 철렁하게 했던
그날

그리움부터 먼저 배울 것을 알았듯이
조그마한 바람에도
후드득 지고
그녀의 고운 손바닥에는
까맣게 멍든 씨알들이
사각거리며
웃고 있다

―「분꽃」전문

  시인의 시선은 멀리 있는 불빛을 향하다가도, 어느 순간, 작은 분꽃으로 옮겨온다. 그 작은 세상에서 기쁨과 행복과 웃음을 만나면서 바깥 큰 세상에서 상처 입은 시인의 영혼은 위안과 위로의 기운을 만나게 된다.

  시인이 그 자신의 정체성을 확인하는 일은 기존 질서에 대한 의문과 거부에서 시작된다. 학교에서의 수업도, 사회에서의 대인관계도, 혹은 직장 생활의 처신도 어느 것 하나 마땅하게 영위되기에 어려움이 있었고, 그 안에서 유일한 위안과 희망은 사람이고 사랑이고 그리움이고 기다림이지 않았나 싶다.

>철 늦은 잔설이 숨죽여 햇살을 피할 때
>처음 눈 맞추고 손잡아
>부끄러움 감추려
>분홍빛 복숭아꽃 그리 고운지
>처음 알았다
>
>키 큰 해바라기
>여름 내내 버티다가
>텅 빈 가슴 허수아비 닮아
>해 질 녘 서산에
>슬픔 토해내고
>
>밤을 지새운 별들이
>휘청휘청 찬바람에 쏠리면
>우수수 낙엽 되어
>잊히진 듯 돌아나는
>가슴속 뾰루지
>
>꼭 당신에게 하고 싶은 말 묻어버렸어요
>— 「짝사랑」 전문

상처를 딛고 다시 일어선 시인에게 사랑은 그렇게 쉽게 찾아오지 않았나 보다. 짝사랑이라니. 한 사람을 사랑하게 되면 세상은 왜 그렇게 아름다워지는 법인지. 복숭아꽃, 해바라기, 허수아비 지나, 차가운 겨울 하늘의 별빛을 만나는 동안에도 짝사랑의 주인에게는 시인의 마음이 전달되지 않았던 모양이다.

시인의 가슴에 사랑만이 유일한 존재 이유였을 거라는 짐작은 시인의 시 어느 것에서나, 시집의 어느 쪽을 펼치거나 행간에서 그 단서를 쉽게 만날 수 있다.

> 멀리서 찾아올 봄날 햇살같이
> 기다림 가득한 하루에
> 꼭 하나 빠지는 가슴
>
> 늘 곁에 있을 것으로
> 약속하지 못해서 사랑은
> 그립다
>
> 가질 수 없어 사랑인 것 같다
>
> ―「사랑」부분

짧고도 좁은 현실 세계는 시인의 의지와 지향을 모두 담아 주기에 부족하였고, 시인은 시간을 확장하고 공간을 확대하여 자신의 존재를 더욱 크고 단단한 존재로 단련시켜가는 작업을 이어간다.

>수억 년이 지나도
>화석으로 남듯이
>두근거리는 설렘으로
>켜켜이 쌓은 가슴
>잊을 수 있나요?
>
>바람이 불고
>후드득
>소나기 한줄기 내리는 시간
>흠뻑 젖은 머릿결에
>하얀 웃음 가득히 머금은 얼굴이
>무지개 타고 옵니다
>
>―「그리움 3」 부분

그리고 마침내 스스로의 존재와 정체성을 정의 내리는 결론에 이르게 된다.

>그대의 공간만큼
>비어있어
>나는 바보로 불립니다

그대의 향기가 깨울 때까지
일어나지 못하는 잠꾸러기입니다
차가운 서릿발에 갇혀
꼼짝 못 하는 겨울눈입니다

여린 손끝으로 전해주는
체온이 없으면
평생을 꿈만 꾸는 철부지가 됩니다

그대 모습만 보이는
눈은 꿈속이고
그대 목소리만 들리는 난청은
행복이고
그대 향기만 느끼는 가슴은
기쁨입니다

그대만 기억하는 치매를 앓습니다

―「그대」 전문

바보이거나 철부지이거나 나중에는 치매로 스스로를 정의하게 된다. 그러나 이는 또 얼마나 역설적인 의문인가. 바보가 아니라고, 철부지가 아니라고, 절대 치매를 겪지 않으려는, 자신을 지키려는 단호한 의지를 외치는 일은 아닐까.

> 어디에도 없다.
> 햇살만 따스할 뿐
> 싸늘한 바람이 불어오는 이 세상에
> 혼자 꼭꼭 숨어있는 겨울이다
>
> 부드럽던 손길
> 따스한 눈길
> 한꺼번에 잃어버린
> 허접한 기억이
> 왜 이렇게 부질없이
> 남아있는지
>
> 뻔히 보이는 슬픔을
> 애써 외면하며
> 허세를 부리는 못난이가 되어 아프다
> ―「그대 3」 부분

시인의 가슴에 가득찬 그리움, 설움의 실타래에서 나온 씨줄과 날줄로 직조된 천으로 옷을 짓는 일이 남았다. 그것은 이 시집을 만난 독자들의 몫이고 앞으로의 시인이 해야 할 일이라고 생각한다.

곧 다가오는 어느 날엔가 시인이 가꾸는 농장의 정원 한

편에서, 닭 울음소리와 나뭇잎이 바람에 서걱이는 소리와 함께, 잘 어울리는 시인의 세레나데를 들어보는 자리를 만들어 보고 싶다.

그대와 봄비

2025년 11월 21일 초판 1쇄 발행

지은이   임광득
펴낸이   유정환
펴낸곳   도서출판 고두미
         등록 2001년 5월 22일(제2001-000011호)
         충북 청주시 상당구 꽃산서로8번길 90
         Tel. 043-257-2224 / Fax. 070-7016-0823
         E-mail. godumi@naver.com

ⓒ임광득, 2025
ISBN 979-11-91306-85-9 03810

※ 책값은 뒤표지에 표시하였습니다.
※ 잘못 된 책은 구입한 곳에서 바꾸어 드립니다.